SUR

LE REMBOURSEMENT

DES RENTES.

SUR

LE REMBOURSEMENT

DES RENTES 5, 4 ½ ET 4 P. 100;

PAR LE LIEUTENANT-GÉNÉRAL

COMTE DE GIRARDIN.

PARIS,

IMPRIMERIE DE BÉTHUNE ET PLON,

36, RUE DE VAUGIRARD.

1837.

LE REMBOURSEMENT

DES RENTES.

Le remboursement des rentes 5, $4\frac{1}{2}$ et 4 pour $^{o}/_{o}$ étant devenu pour notre pays une mesure d'intérêt public, nous croyons utile de la restreindre à l'examen des quatre questions suivantes :

La première, le remboursement intégral de ces rentes par les ressources directes du gouvernement ou par des emprunts, est-il possible ?

La deuxième, le remboursement par série est-il équitable ?

La troisième, le remboursement par l'amortisse-

ment est-il une disposition d'utilité générale en matière d'économie politique, ou n'est-il qu'un moyen
instantané pour fonder le crédit?

La quatrième, la réduction de l'intérêt par l'offre
du capital est-elle aujourd'hui pour la France le seul
mode légal de remboursement qu'elle puisse ou
doive employer pour favoriser l'accroissement de ses
richesses agricoles, industrielles et commerciales?

Si cet exposé résume d'une manière précise l'examen que nous nous sommes proposé, il en résulte
que le premier point que nous devions considérer
est celui de savoir si le remboursement intégral, lorsque le trésor public est chargé d'une dette consoli-
dée de plus de quatre milliards, peut se faire par les
ressources directes du gouvernement, ou s'il ne peut
avoir lieu que par de nouveaux emprunts, et en définitive quels seraient les avantages qui pourraient en
résulter pour la prospérité de l'état.

Assurément, il n'est personne aujourd'hui qui
conteste au gouvernement le droit que tout débiteur
a de se libérer ; mais ce qu'on lui conteste, c'est
qu'il en ait la possibilité par l'élévation de l'impôt ou
la vente de ses domaines. En effet, comment la

France, qui peut à peine payer un milliard pour ses dépenses annuelles, et qui ne possède pas plus de deux milliards de numéraire, pourrait-elle encore acquitter, indépendamment de ses charges accidentelles, une dette de trois milliards? Il est donc évident que cette malheureuse idée n'a pu être jetée en avant que comme un leurre ou que comme un moyen d'effrayer les rentiers, afin de les disposer à accepter plus tard, et plus facilement, une autre mesure de remboursement qui leur paraîtrait moins défavorable.

Le remboursement intégral, avons-nous dit aussi, pourrait-il s'effectuer par des emprunts ? Mais si l'état, malgré toutes ses richesses, n'en peut établir la possibilité, à qui persuadera-t-on que quelques capitalistes puissent réunir la somme énorme de trois milliards? Et alors ne devient-il pas plus évident encore que prétendre que le gouvernement pourrait trouver tous les fonds qui lui seraient nécessaires pour ce remboursement n'est qu'un autre genre de leurre qui ne présente pas de résultats plus sérieux. Et enfin, si nous passons aux avantages qui pourraient résulter pour l'état d'un remboursement intégral, comme nous pensons qu'une *dette consti-tuée*, lorsqu'elle repose sur des principes d'économie sociale, est le moyen *le plus utile et le plus fécond* qui nous ait été donné pour accroître la richesse pu-blique, et conséquemment pour satisfaire à tous les besoins d'un grand peuple, nous ne craindrons pas, de dire que toute disposition qui aurait pour but *d'annuler ou de réduire cette dette au-dessous des limites qu'il sera toujours facile de déterminer, par l'accroissement ou la diminution du prix de l'intérêt*, nous paraîtrait de tous les actes du gou-vernement le plus triste comme le plus répréhensi-ble.

Si nous arrivons à la seconde question, c'est-à-dire à celle de savoir si le remboursement par séries est une mesure équitable, il ne serait pas nécessaire, se-lon nous, de rechercher si le nombre des rentiers s'élève à cent mille ou à deux-cent-quatre-vingt-treize mille (1); si la rente dont ils sont en posses-sion est minime ou considérable ; si elle leur vient du

---

(1) Opinion de MM. Thiers et Humann. (*Moniteur* des 5 et 6 février 1836.)

tiers consolidé, d'achats ou d'emprunts faits par l'état depuis 1815 ; mais de présenter les rentes remboursables de 5, de 4 1/2 et de 4 p. 0/0, moins les emprunts, s'élevant à 156,670,934 fr., savoir :

Rentes 5 p. 0/0.	147,253,434 fr.
Rentes 4 1/2 p. 0/0. . . .	1,026,600
Rentes 4 p. 0/0.	8,390,900
Total égal.	156,670,934

et de rappeler ensuite les paroles du gouvernement, qu'il n'y peut y avoir pour aucune de ces rentes *ni préférence ni exceptions*. Alors, qu'on nous dise si le tirage par séries ne sera pas un désavantage ou une faveur pour ceux qui seront tombés dans la première ou la dernière série, c'est-à-dire dans celle qui sera désignée comme devant être remboursée immédiatement, et s'il ne serait pas préférable de proclamer que la loi, pour ce mode de remboursement, ne pouvant offrir de dispositions équitables, elle peut, quand elle le veut, décimer les rentiers, comme elle le ferait pour des révoltés dans les guerres civiles, ou

pour des régiments insoumis ; et comme on ne peut
supposer qu'une semblable disposition puisse être
dans la pensée ou dans l'esprit d'un pouvoir quel-
conque, nous considérons déjà ce moyen, quelle que
soit la faveur qu'il ait rencontrée, comme insoute-
nable dans la discussion, et conséquemment comme
inexécutable.

Invoquerait-on ce qui se passe en Angleterre et
en Hollande? Mais personne n'ignore que dans ces
deux royaumes les emprunts se font en capital et non
en rentes ; que le prêteur sait d'avance, par des actes
législatifs, les conditions de son remboursement ;
qu'en Angleterre les 3 p. o/o consolidés sont remboursables en tout temps après un avertissement de
six mois.

Citerait-on avec plus d'avantage le mode des emprunts par annuités, que la France a adopté pour ses
canaux, et qui a été suivi en Amérique, c'est-à-dire
celui où le gouvernement s'oblige à rembourser ces
annuités au moyen d'une allocation semestrielle, qui
s'accroît, chaque six mois, de l'intérêt économisé sur
la partie remboursée du capital, opération qui déter-

mine d'avance l'époque du remboursement de la to
talité de l'emprunt?

Enfin, rappellerait-on plus utilement ce qui se
passe en Russie, en Autriche et en Prusse, ou dans les
états napolitains et piémontais, qui ont suivi, à quelques exceptions près, le système énoncé pour les canaux, ou qui ont toujours emprunté avec des stipu-
lations précises de remboursement? Il nous serait impossible de l'admettre. Et attendu que nous croyons
avoir suffisamment démontré que la question du remboursement par séries n'existe en aucun pays, nous
nous croyons aussi suffisamment autorisé à qualifier
d'injuste ce mode de remboursement, ou plutôt à le
regarder comme une faveur qui serait faite en pure
perte à quelques capitalistes, aux dépens du trésor ou
des richesses de l'état, puisqu'il ne s'agirait, pour l'effectuer, que de partager la dette en dix, en quinze
ou en vingt séries, et de faire des emprunts, pour
chaque série, du capital nécessaire pour la rembourser. Mais alors, à moins de se mentir à soi-même,
que devient le principe qu'il ne peut y avoir, pour
aucune des rentes 5, 4 1/2 et 5 p. 0/0, *ni préférence
ni exceptions?*

Si nous examinons maintenant la troisième question, c'est-à-dire celle de savoir si le remboursement par l'*amortissement* est une disposition d'utilité générale en matière d'économie politique, ou s'il n'est qu'un moyen instantané pour fonder le crédit;

Et d'abord, tout le monde sait et convient que l'amortissement, rétabli en 1816, ne fut considéré, même en France, que comme un élément nécessaire du système de crédit, sans lequel, *tout onéreux qu'il ait été et qu'il soit encore pour le trésor*, il eût été difficile, pour ne pas dire impossible, de faire entrer dans les emprunts, non-seulement les capitallistes, mais même les économies des hommes laborieux, qui, comme on le sait aussi, sont en dernière analyse ceux qui fondent et soutiennent les emprunts; et bien qu'on s'étonnât en Angleterre de la contradiction qui existait dans le projet de M. de Villèle, puisque dans ce pays ce n'était plus une question de savoir que rembourser le capital d'une dette par l'amortissement lorsqu'on accroissait le capital, loin d'être une mesure favorable au crédit, n'était au contraire qu'un moyen d'arrêter le développement de la richesse publique, *attendu qu'augmenter le prin-*

cipal pour réduire l'intérêt, c'est se donner sans raisons la satisfaction de voir augmenter sa dette ; si nous rappelons maintenant qu'en 1816, on n'avait rétabli l'amortissement que pour fonder le crédit, et qu'à cette époque la rente était à 50 et qu'aujourd'hui elle est à 107, nous aurions le droit de dire que persévérer dans cette mesure, ce serait faire le mal à plaisir ou ne pas vouloir se rendre à l'évidence. Toutefois, si nous admettions qu'un gouvernement pût employer l'excédant de ses recettes à acheter des rentes ou d'autres valeurs, ou comme en Angleterre, à diminuer l'impôt, nous dirions alors que cette opération ne doit avoir pour but que de créer *un fonds de réserve* pour pouvoir faire face à toutes les éventualités qui pourraient se présenter, et qu'au-delà d'un fonds de réserve tout est désordre ou perte pour l'état ; car, en définitive, la véritable charge pour un état c'est *la rente qu'il doit aux prêteurs*, de même que *la base réelle de son crédit est dans l'exactitude avec laquelle se fait le service des intérêts* (1) ;

---

(1) Il existe en France une erreur financière qu'il importe de signaler ; cette erreur vient de ce que le gouvernement et quel

d'où il résulte qu'en élevant la valeur du capital on accroît la richesse nationale, et qu'en réduisant l'intérêt de la dette on diminue la contribution prélevée sur le travail.

Si enfin nous portons nos investigations sur la quatrième question, c'est-à-dire sur celle de savoir si la réduction de l'intérêt par l'offre du capital est devenue pour la France le seul mode légal qu'elle puisse et doive employer pour favoriser l'accroissement de ses richesses agricoles, industrielles et commerciales, nous pourrions répéter sous une autre forme, qu'élever le capital nominal de notre dette, c'est faire concourir la puissance même du crédit à la réduction

-----

ques capitalistes partisans de l'amortissement ont pensé qu'ils devaient considérer la dette de l'état sous le double rapport du capital et de l'intérêt, tandis qu'ils auraient dû reconnaître que le capital de cette dette n'était que l'expression du crédit, et l'intérêt la charge seule des contribuables. Il en serait résulté cet avantage que, depuis 1848, les travailleurs auraient eu tous les capitaux dont ils avaient besoin, à un intérêt moins élevé, et que les contribuables auraient été soulagés par une diminution de l'impôt, puisqu'on ne peut mettre en doute l'état de prospérité vers lequel nous marchons, malgré la privation de nos libertés commerciales et industrielles.

de l'intérêt; que le dédommagement que l'on donne aux rentiers, au lieu de le prendre sur l'impôt, on le puise dans le crédit, et qu'on peut l'y puiser avec d'autant plus de confiance que le domaine du crédit est bien autrement vaste que celui de l'impôt ; et qu'il faut bien reconnaître aussi que, s'il existe un crédit, ce sont les *travailleurs* qui l'ont fondé et qui peuvent le soutenir; mais dans ces premières données, quelque importantes qu'elles soient, n'est point encore toute l'étendue de la question que nous examinons, sous le rapport de ses développements et de son efficacité.

Et d'abord, dans une première brochure que nous avons publiée, nous avons dit, parce que telle était notre conviction, que le remboursement proposé, ou plutôt la réduction de l'intérêt des rentes qui avaient dépassé le pair de 100 fr., n'était pas seulement une mesure financière que l'on venait agiter, mais un nouveau *système politique* sur une base aussi fragile que méconnue, tant qu'on n'aurait point envisagé gravement, et avec des réflexions longuement méditées, tout ce que ce nouveau système embrasse dans un gouvernement démocratique, avons-nous dit aussi, de la nature toute particulière et peut-être unique de celui que les circonstances nous ont imposé.

Si nous examinons en effet quelle est depuis 1830 la politique des puissances étrangères , et que pour nous en rendre compte nous les rangions d'une part, savoir :

La Russie , la Prusse, la Hollande , le Piémont , la Confédération germanique, sans en excepter *incidentellement* l'Italie, l'Autriche et l'Amérique ;

Et de l'autre, la France sous l'influence de son alliance avec l'Angleterre , et l'obligation d'appuyer du moins ostensiblement, comme on vient de le voir, par le traité de la quadruple alliance, tous les principes révolutionnaires sans pouvoir les apprécier ; qu'on nous dise alors quel sera notre avenir avec une direction appelée *progressive* , et surtout avec l'obligation incessante de satisfaire à l'existence de tous nos intérêts comme de tous nos besoins.

Qu'on nous dise aussi quel sera notre avenir commercial vis-à-vis du continent et de l'Angleterre, *lorsque le continent fermera par une ligne de douanes* (1) *toute exportation à nos produits , et que l'Angleterre les circonscrira dans quelques colonies qui nous restent.*

Qu'on nous dise ensuite sur quélle base repose cette politique du *Journal des Débats*, lorsqu'il veut fonder notre existence présente et notre avenir sur une étroite alliance avec l'Angleterre. Assurément la France doit avoir des alliés, mais elle doit les choisir, et elle les choisira lorsque ses principes politiques seront conformes à leurs intérèts respectifs ; tandis qu'au contraire elle aura des ennemis, et des ennemis en grand nombre, lorsque ses principes comme pouvoir gouvernemental seront *offensifs* ou *restrictifs* de ses libertés ; car il faut bien le dire à notre pays, puisque le gouvernement ne vcut pas le comprendre : il n'y aura de liberté et conséquemment d'ordre pour la France que dans *l'exercice raisonnable de toutes ses libertés.*

C'est donc avec un sentiment mêlé tout à la fois de satisfaction et de crainte que nous abordons un système politique aussi compliqué, puisque, bien

---

(1) Que d'autres ont appelée *la ligue commerciale prussienne.*

compris, il doit porter notre belle patrie au faîte de la prospérité et de la grandeur, et que, *rejeté, incompris* ou *mal exécuté*, il faut nous préparer encore à de nouvelles révolutions, révolutions qui seront plutôt le résultat de la nécessité que l'effet d'un *sentiment révolutionnaire* ou de *désordre*.

Pour le démontrer, nous pourrions commencer par présenter *les principes* ou plutôt *les erreurs* sur lesquels reposent notre politique extérieure, et pour les rendre palpables, par rechercher les causes qui ont nécessité la création de nos armées permanentes, et successivement les motifs de leurs développements excessifs, attendu que, pour une grande nation, la *constitution de sa puissance militaire* indique *très-haut* ses projets ou ses craintes ; mais nous pensons qu'il sera plus utile et surtout plus concluant de poser immédiatement la question sur ses véritables bases, c'est-à-dire sur celles de savoir :

1° Si la France est, par sa situation géographique, l'étendue de son territoire, sa population, et ses richesses, toutes réduites qu'elles sont encore, une puissance continentale ou une puissance maritime.

2° Si la France peut être tout à la fois une puissance de premier ordre comme puissance continentale et comme puissance maritime.

En ce qui concerne la première partie de la première supposition, si nous comparons les ressources de la France sous les rapports de sa population, de ses richesses, de ses mœurs belliqueuses et de son courage, à celles de chacune des puissances continentales, nous regarderons comme inutile d'entrer dans de plus grands développements; mais si nous considérons ces puissances réunies, comme elles le sont en effet, par des alliances respectives fondées sur des intérêts de même nature, alors la question change, puisque la France n'a plus qu'une population de trente millions d'habitants à opposer à des populations qui s'élèvent au-delà de cent-vingt millions, ayant les mêmes armes et les mêmes connaissances militaires.

Si nous passons ensuite à la seconde question, c'est-à-dire à celle de savoir si la France peut être une puissance maritime de premier ordre ; comme notre population est plus considérable que celle de l'Angleterre, que notre situation géographique est préférable par la nature de nos côtes, et les mers qui les baignent, que nos ports peuvent s'améliorer et se compléter, qu'il ne dépend que de nous de voir nos richesses s'accroître, nous n'hésitons pas à dire que la France sera, quand elle le voudra, une puissance maritime de premier ordre.

Si nous examinons la seconde proposition, c'est-à-dire celle qui consiste à décider si la France peut être, tout à la fois une puissance de premier ordre, comme puissance continentale et comme puissance maritime, il nous suffirait d'abord :

Comme puissance continentale, de rappeler les désavantages qui résultent pour nous de la différence de trente millions d'hommes à cent-vingt millions, et d'y joindre ensuite le chiffre obligé de notre état militaire, que par cette raison nous avons été forcés d'élever à neuf cent mille hommes, soit comme armées actives, soit comme troupes nécessaires pour la défense de nos places ;

Et ensuite, comme puissance maritime, de faire l'énumération des pertes que nous avons éprouvées, depuis un siècle, dans le nombre de nos vaisseaux et dans celui de nos colonies, par suite des différents combats que nous avons eu à soutenir.

Si ces faits nous paraissent incontestables, il n'est pas moins évident qu'il n'y a plus pour la France qu'à choisir entre les deux combinaisons suivantes : la première, de rester une puissance continentale de second ordre, sans cesse entravée dans ses projets, ou en proie à tous les genres de révolutions, par la nécessité de confondre journellement le *pouvoir* avec le *gouvernement*, les *abus* avec l'*administration*, quelque distincts que soient, dans leurs résultats, ces divers éléments ; la seconde, de venir se placer quand elle voudra, comme puissance maritime, à la tête de la civilisation, en rapprochant successivement des intérêts continentaux qu'elle n'aurait jamais dû diviser ; et par la simple raison qu'elle trouve dans des intérêts semblables ses véritables alliés, elle est conduite aussi à établir un équilibre plus vrai et conséquemment plus certain de sa puissance militaire, et par suite les bases comme les sources d'un crédit réel, par une élévation successive du capital de ses richesses.

Depuis deux siècles tous nos embarras politiques

viennent de nos guerres continentales , et depuis la même époque nos hommes éclairés ont également pressenti les causes de notre révolution. De deux choses l'une, ou ils se sont mal exprimés, ou ils ont été mal compris par les hommes qui dirigeaient l'état. Quoi qu'il en soit, comme le moment est arrivé où la France doit changer son système politique et le nœud de ses relations ; que , selon nous, le moment est également arrivé de fonder notre crédit, élément sans lequel une grande nation ne peut exister (surtout la nation française avec une population croissante et les limites trop restreintes de son territoire); attendu que cette pensée (celle de notre crédit) a été le motif comme le but de ces observations, et que nous croyons avoir démontré :

1° Que le remboursement intégral du capital de trois milliards n'était pas une chose possible par les ressources directes du gouvernement ou des capitalistes ;

2° Que le remboursement par séries n'était point une mesure équitable ;

3° Que le remboursement par l'amortissement n'était qu'un moyen temporaire ou instantané pour fonder le crédit ;

4° Que le crédit ne repose que sur la confiance ;

5° Que la prospérité du crédit ne se démontre que lorsque l'intérêt de l'argent diminue ;

6° Qu'il est notoire que l'intérêt que le gouvernement payait en 1814 est tombé de 10 p. 0/0 au-dessous de 5, et que celui que payaient les particuliers est également descendu, selon la nature de leurs spéculations, de 8 p. 0/0 au-dessous de 4, quoique notre dette se soit élevée, depuis vingt-deux ans, de 65,000,000 de rentes à 200,000,000, ou du capital de 1,300,000,000, à 4,000,000,000 ;

7° Que la véritable charge pour un état, c'est la rente qu'il doit aux prêteurs, de même que la base réelle de son crédit est dans l'exactitude avec laquelle se fait le service des intérêts ;

8° Qu'en réduisant l'intérêt de la dette, on diminue la rétribution prélevée sur le travail ;

9° Qu'en élevant la valeur du capital en raison de la diminution successive et non factice de l'intérêt, on accroît la richesse nationale ;

nous proposerions de substituer des rentes 2 1/2 p. o/o aux rentes 5, 4 1/2 et 4 p. o/o, pour pouvoir réduire l'intérêt des rentes 5 p. o/o d'un cinquième, et celui des rentes 4 1/2 p. o/o d'un neuvième, parce que le fonds de 2 1/2 est, parmi ceux que nous aurions pu choisir, celui qui nous a paru offrir une sécurité nécessaire et une compensation suffisante aux rentiers comme aux prêteurs, pour les dédommager de la réduction de l'intérêt que le gouvernement leur ferait éprouver. Toutefois, nous ajouterions à cette mesure, comme une condition expresse, que cette conversion, qui serait immédiate pour ceux qui vendraient leurs rentes, n'aurait son effet qu'au bout de dix années, sans réduction d'intérêt, pour ceux qui auraient conservé leurs titres.

Si, comme nous l'espérons, nous avons présenté les impossibilités, les difficultés et les sacrifices qui seraient la conséquence de l'exécution des articles 1, 2 et 3, et les avantages que renferment les articles 5, 6, 7, 8 et 9, il s'ensuivrait que le gouvernement serait conduit naturellement, et sans secousse, à une transaction d'autant plus juste qu'elle concilierait tout à la fois les intérêts de l'état et ceux des rentiers, puisque d'une part cette transaction réduirait l'impôt et les intérêts de la dette, et que de l'autre, en augmentant le capital des rentiers et des prêteurs, elle poserait les bases de notre crédit en accroissant les richesses nationales.

Il s'ensuivrait encore que la première conséquence que nous retirerions de ces avantages serait une économie de 98,032,086 fr., savoir :

1° La suppression de la dotation de l'amortissement	44,723,838 fr.
2° L'annulation des rentes rachetées 5 p. 0⁄0.	12,540,978
Idem, 4 1⁄2 p. 0⁄0.	104,787
Plus, en consolidation des bons du trésor.	4,765,756
Annulation des rentes rachetées 4 p. 0⁄0.	391,555
Idem, 3 p. 0⁄0, ...	5,902,964
3° Un cinquième sur l'intérêt des rentes 5 p. 0⁄0. . . . . . - . .	29,490,964
4° Un neuvième sur celui des rentes 4 1⁄2 p. 0⁄0	111,244
Total égal	98,032,086

Nous terminerons ici ces observations, parce que nous les regardons comme suffisantes pour les hommes qui se sont occupés de ces utiles questions dans le but qui nous a animé nous-même : celui de voir s'accroître la grandeur et la prospérité de notre pays.

FIN.

9 782019 263270